SAR PELADAN

THÉATRE DE LA ROSE ✝ CROIX

Le Fils
des Etoiles

PASTORALE KALDÉENNE EN TROIS ACTES

ÉDITION ARISTIQVE A 200 EXEMPLAIRES

Tous numérotés et signés par l'auteur.

LE FILS DES ÉTOILES

PASTORALE KALDÉENNE EN 3 ACTES

EXEMPLAIRE N° ⋯⋯⋯⋯⋯

Souscrit par M. ⋯⋯⋯⋯ ⋯⋯⋯⋯⋯ ⋯⋯⋯⋯⋯

4°Lf
102
II

Hormis : BABYLONE
LA PROMÉTHÉIDE
LE PRINCE DE BYZANCE

Publiés en édition ordinaire.

LE THÉATRE DE LA ROSE ✝ CROIX

paraitra désormais en

ÉDITION ARISTIQVE

à 200 ex., tous numérotés, dédicacés et SIGNÉS par l'auteur, sur papier simili-Japon ; contenant chacun une page du manuscrit original.

On souscrit par mandat, au secrétariat de la R+C,
2, rue de Commaille, Paris.

Ou bien :

A la librairie de l'Art indépendant, 11, rue de la Chaussée-d'Antin, seule dépositaire.

Le second tome de l'édition aristique (IV* du théâtre) sera consacré à

SÉMIRAMIS

Le troisième tome de l'édition aristique (V* du théâtre) sera consacré au

MYSTÈRE DU SAINT GRAAL

Au prix de 10 fr. (avec la page du manuscrit).

Au prix de 7 fr. (sans la page du manuscrit).

Au prix de 20 fr. (on peut commander l'exemplaire sur n'importe quel papier de luxe).

SAR PELADAN

THÉATRE DE LA ROSE†CROIX

Le Fils
des Etoiles

PASTORALE KALDÉENNE EN TROIS ACTES

ÉDITION ARISTIQVE A 200 EXEMPLAIRES

Tous numérotés et signés par l'auteur.

PERSONNAGES

ŒLOHIL, berger-poète, 16 ans, puis 19.
GOUDEA, patési de Sirtella, 76 ans.
L'ARCHIMAGE D'ERECK, 50 ans.
IZEL, fille du patési, 15 ans, puis 18.
LA COURTISANE SACRÉE.
UN CHŒUR DE PATRES KALDÉENS.
UN CHŒUR DE VIEILLARDS.
UN CHŒUR DE MAGES (celui-là invisible).

L'action a lieu 3.500 ans avant J.-C. à Sirtella, ville autonome de Kaldée, à douze lieues d'Ereck, entre le Tigre et l'Euphrate au pays des Sumirs.

LE FILS DES ÉTOILES

ACTE PREMIER

LA VOCATION

Une fontaine devant la face latérale du palais de Sirtella.
Troisième plan, au milieu, vasque à jet d'eau.
Second plan à gauche, arbre séculaire avec siège de pierre.
Premier plan à droite, terrasse d'angle du palais.

SCÈNE I

L'ARCHIMAGE. — GOUDEA (ils sortent du palais)

L'ARCHIMAGE (à la cantonnade)

Heureuse Sirtella !

GOUDEA

Plus heureux Goudéa !
Un seul et cher souci, sur ma vie admirable, jette son ombre !
Ma fille Izel aura seize ans à la prochaine lune :
tu l'as vue, pareille à la Dame Céleste !
Quand elle sacrifie, au Temple des Cinquante,
sous sa mitre argentée, c'est Istar elle-même !
Mon peuple s'éblouit, tandis que je médite
l'oracle obscur et menaçant.

L'ARCHIMAGE

Une fatalité d'amour s'annonce, inéluctable :
la fièvre, l'insomnie, et cette humeur changeante qui t'alarment
sont à mes yeux, les signes précurseurs d'événements de l'âme.
Pourquoi interroger l'artère, quand le cœur bat à quelque rêve ?

GOUDEA

Quinze ans est un âge de fleur, non de femme !

L'ARCHIMAGE

Les astres, ces recteurs de notre destinée
ne laissent pas percer tout leur secret.
Le thème de nativité que tu dressas selon les règles,
présage, seul, une fatalité d'amour, à l'équinoxe de printemps.

GOUDEA

Le péril est demain ?

L'ARCHIMAGE

Ce soir peut-être.

GOUDEA

Quel talisman ?... Quel charme salutaire ? Oh ! quel Dieu incanter ?

L'ARCHIMAGE

Istar préside au ciel, en ce moment.
Tammuz renaît sous ses baisers : l'Amour est maître !
On verra, cette nuit, les étoiles courir en des poursuites enflammées :
quiconque alors, pendant leur lumineuse et brève parabole
prononcera un vœu, est sûr d'être exaucé.

GOUDEA

Trois fois, les pleurs obscurcirent mes yeux :
lorsque mourut Ourka, la douce femme dont l'amour me fit patési ;
la nuit où expira Ligbagus, le vieux pâtre qui me prédit la gloir ,
enfin, le jour où je dressai l'horoscope d'Izel.

L'ARCHIMAGE

L'amour à ta fortune présida ; il te valut la gloire.
Peut-être encore bénin, veut-il donner le bonheur à ta fille.

GOUDÉA

La tiare me laisse souvenir que je fus un berger.
Ligbagus, le plus savant des pâtres, lut sur mon front
que je serais un jour, maître des champs et des troupeaux,
jusqu'à l'Euphrate !
Il m'apprit à lire dans les cieux.
« Tu me dépasseras en savoir, » — disait-il.
J'ai accompli la bonne prédiction.
Nindir, mage de Babilou, me vit un jour
dessiner sur le sable ; il m'emmena.
Quand je revins à Sirtella, portant l'étalon des mesures,
insigne de ma dignité, — le patési mourait.
Sa veuve la douce Ourka tourna son beau regard vers moi.
Avant d'entrer au palais, par elle patési,
je voulus mériter ma fortune imprévue :
je saisis le compas, je l'élevai en haut, comtemplant la région sereine
et puis je l'abaissai sur la terre, y traçant des temples et des autels.
J'ai dressé en bitume et en brique la zigurrât des sept sphères ;
la maison divine des Cinquante, je l'ai construite. Ma statue,
je l'ai taillée, de mes mains, dans la dure matière, le diorite.

L'ARCHIMAGE

Sur tes genoux, le plan des monuments,
tes mains croisées en signe de mystère ;
ta robe, au lieu d'énumérer des guerres
porte gravé ton mépris des conquêtes et ton amour de l'art !
Bel exemple que les siècles ne suivront pas !

GOUDÉA

Quand le berger de l'avenir, découvrant ma statue
demandera : « Que fit en son vivant, ce sar ?
Eut-il des charriots de guerre ? Mena-t-il des peuples en esclavage ? »
Le Mage répondra, pour toute histoire,
il construisit des temples pour ses dieux.

L'ARCHIMAGE

Tu es grand, Goudéa ! ta gloire est la vraie gloire.

GOUDÉA

Je désirais un fils, artiste comme moi, comme moi architecte :
une fille m'est née, adorable ; mais son cœur va parler

S'il nommait.....

une brute d'Assur, un grossier ninivite, un horrible guerrier !

L'ARCHIMAGE

Au nom des Mages d'Our, d'Ereck, de Babilou

Patési Goudea, je promets de sauver Sirtella de cette honte !

(Il sort et laisse tomber un papyrus)

GOUDEA

Que Nebo t'illumine pour ce secours promis (il rentre au palais).

SCÈNE II

ŒLOHIL (ramasse le papyrus et lit)

« Ce qui est en haut est comme ce qui est en bas ;

et ce qui est en bas

est comme ce qui est en haut, pour accomplir les miracles de la Volonté.

La Volonté monte de la terre au ciel,

et derechef, descend en terre,

recevant la force des choses supérieures et inférieures.

Ainsi, tu auras toute la gloire du monde

car la Volonté est la force forte de toute force. »

Langage du mystère que mes yeux savent lire,

mon esprit, malgré son avide désir, ne t'entend pas encore.

SCÈNE III

ŒLOHIL. — L'ARCHIMAGE

L'ARCHIMAGE (revenant sur ses pas)

Berger ? Berger ? Un papyrus tomba de ma main, ici-même.

ŒLOHIL

Le voici !

L'ARCHIMAGE

Déroulé ! Tu as ouvert tes yeux hardis sur les secrets magiques ?

ŒLOHIL

es yeux hardis sur le livre céleste, s'ouvrent toutes les nuits.

L'ARCHIMAGE

Qui donc t'apprit la langue de Sumir ?

ŒLOHIL

Le vieux pâtre Douzi.

L'ARCHIMAGE

Ton nom ?... ton père ?

ŒLOHIL

Mon nom est Œlohil... Mon père ?... Je suis fils des Etoiles.

L'ARCHIMAGE

Présomptueux !

ŒLOHIL

Pourquoi ? Mes yeux en s'ouvrant à la vie virent d'abord les célestes
    étoiles.
Car j'étais seul et nu, au bord du fleuve quand Douzi me trouva.
Dès que je pus comprendre, il me montra les Sept qui règnent sur les
    hommes ;
et j'appris à nombrer les astres-dieux, à prévoir les saisons,
conjurer l'uruck, le nirgal, le tétal, le Namtar et l'idpa, tous les
    démons méchants.
Un mage qui vécut à Sirtella, à mes questions, parfois daignait répondre
et sa moindre parole, je la méditais dans la nuit,
sous l'œil bienveillant des étoiles.
Je trouvai ici même, une lyre brisée :
la fille de notre patési l'avait jetée de sa terrasse.
Je nommai chaque corde d'un nom des Sept, et j'appris à charmer.
C'est moi qui chante la prière aux bergers.
Quand passe un mage, je mendie,
au lieu d'une largesse, et comme à vous, en ce moment :
« Un peu de Magie, s'il vous plaît,
mon bon Mage, au nom de Mérodack. »

L'ARCHIMAGE

Eh bien ! fais ta question.

ŒLOHIL

Qu'est-ce, la Volonté ?

L'ARCHIMAGE

Des quatre rectrices du monde c'est la dernière, non la moindre!

ŒLOHIL

Le papyrus dit :
« Volonté, force forte de toute force » Et les autres ?

L'ARCHIMAGE

Sont le Destin, la Providence et la Nécessité.

ŒLOHIL

Nebo me soit en aide, car je ne comprends pas! Un mot encor, ô Mage!
A ce moment solaire, où les jours aux nuits s'égalent,
mon sort toujours s'augmente!
C'est bien alors que Douzi me trouva
et que le Mage vint, que je saisis la lyre et que j'apprends la volonté!

L'ARCHIMAGE

Veux-tu me suivre dans le temple d'Ereck, néophyte ?

ŒLOHIL

O Mage! ô Maître! Qu'Ea te donne le mot sublime!
Sois béni de Nébo pour cette offre, que je dois refuser.

L'ARCHIMAGE

Je me trompais. Ce zèle de s'instruire cède devant les yeux
d'une fille de Sirtella que tu pleurerais de quitter.

ŒLOHIL

J'ai consacré mes yeux aux brillantes étoiles,
mes yeux qui n'ont jamais pleuré qu'à la mort de Douzi.
« Fils des Etoiles », me dit-il « mon dernier conseil, souviens-t'en ;
Demeure à Sirtella jusqu'au jour
où ton âme s'emplisse d'un unique désir impérieux, et qu'une étoile
    t'ait parlé. »

L'ARCHIMAGE

Quand la lune sera au milieu de sa course,
je reprendrai ma route vers Ereck.
D'ici là pèse bien ton oracle et mon offre. Choisis!

SCÈNE IV

ŒLOHIL

CHŒUR DES PATRES

Dans le bleu firmament les étoiles s'éveillent
Istar paraît ; la sainte nuit descend.

La lune se balance, ronde et blême
Conjurons son humeur fantasque par des chants.

Les formes disparaissent : les dieux et les déesses
se penchent aux balcons du ciel.

Et les étoiles sont leurs yeux qui contemplent nos âmes
pour mieux distribuer le sort bon et mauvais.

Œlohil ! enfant aimé des Dieux
prends la lyre et dis-nous la prière aux étoiles.
Incante pour chasser les démons,

purifie l'air par la lyre et la voix.
Pour la prospérité des troupeaux et des pâtres
clame les noms harmonieux des Sept.

ŒLOHIL

Admirables clartés, regards de l'invisible
qui témoignez la présence des Dieux ;
vous êtes le moyen de prévoir et la raison de croire
phares étincelants au ciel illimité !
Chacun de vous, est une lettre d'or du grand mystère :
et vos rayons, en pénétrant nos âmes,
enseignent la prudence et la piété.
Hommage aux Sept, les grands recteurs
Et gloire aux étoiles sans nombre !

PREMIER CHŒUR

Hommage aux Sept, les grands recteurs !

DEUXIÈME CHŒUR

Et gloire aux étoiles sans nombre.

ŒLOHIL

Esprit de Sin! esprit de rêve et d'aventure,
astre des voyageurs et des devins,
o lampe de l'amour et du mystère
donneur de repos et de songes
apaise par tes blancs rayons, nos fièvres; pacifie nos desseins
insufle à tes fidèles, l'intuition sainte,
astre de la pensée et du silence, ô Sin!

PREMIER CHŒUR

Esprit du ciel, souviens-t'en!

DEUXIÈME CHŒUR

Esprit de la terre, souviens-t'en!

ŒLOHIL

Esprit de Samas! esprit de joie, de paix et de fécondité
maître de la vie et du blé, maitre des formes et de la gloire
prodigieux contre les prodiges,
dissipe les complots, disperse les fantômes,
confonds celui qui ment, guéris la peur
affermis nos âmes et dore nos épis
roi de l'or et de l'art, ô Samas.

PREMIER CHŒUR

Esprit du ciel, souviens-t'en!

DEUXIÈME CHŒUR

Esprit de la terre, souviens-t'en!

ŒLOHIL

spri. de Adar! esprit sublime et sombre
seigneur des grands desseins et des longues études,
maître de la patience et des ténacités,
auguste solitaire, inspire-nous la gravité, l'indépendance,
le prix du temps, le secret de vieillir
astre austère et savant
roi des pensées, des lois et des longs règnes, ô Adar.

PREMIER CHŒUR

Esprit du ciel, souviens-t'en!

DEUXIÈME CHŒUR

Esprit de la terre, souviens-t'en !

ŒLOHIL

Esprit de Mérodack ! esprit de force et de miséricorde,
Seigneur très généreux, magnanime empereur des Dieux
maître du temple et des palais,
patron des mages et des rois,
astre du sceptre et de la mitre
fais-nous rendre à chacun l'honneur qui nous est dû, ô Mérodack !

PREMIER CHŒUR

Esprit du ciel, souviens-t'en !

DEUXIÈME CHŒUR

Esprit de la terre, souviens-t'en !

ŒLOHIL

Esprit d'Istar, esprit de grâce et de bonté,
mère de la pitié et des génies sourire et beauté du ciel,
dame de tous les cœurs,
dame des forêts et des sources,
donne à chacun sa parèdre
épands sur nous ta grâce attractive et féconde
déesse de la vie, déesse de l'amour, ô Istar !

PREMIER CHŒUR

Esprit du ciel, souviens-t'en !

DEUXIÈME CHŒUR

Esprit de la terre, souviens-t'en !

ŒLOHIL

Esprit de Nergal ! esprit de courage et de lutte
piétineur des mêlées, au glaive étincelant,
seigneur de la témérité et des violences,
détourne ton regard de nous.
Pour ta gloire et notre paix,
combats les démons de l'abîme, les mauvais génies de l'Aral
astre de fer et de férocité ! ô Nergal !

PREMIER CHŒUR

Esprit du ciel, souviens-t'en

DEUXIÈME CHŒUR

Esprit de la terre, souviens-t'en

ŒLOHIL

Esprit de Nébo,
esprit de subtilité et de magie, qui enseigne les arts
possesseur des secrets, maître des talismans
arbitre du destin, augmente en nous
l'esprit prophétique et sacré :
laisse-nous deviner le mystère céleste
astre d'intelligence, de succès, de miracle, ô Nébo !

PREMIER CHŒUR

Esprit du ciel, souviens-t'en !

DEUXIÈME CHŒUR

Esprit de la terre, souviens-t'en !

ENSEMBLE

Hommage aux Sept, les grands recteurs
et gloire aux étoiles sans nombre (exeunt) !

SCÈNE V

ŒLOHIL (seul)

Comment te reconnaître, parmi tes radieuses sœurs ?
De quel nom t'appeler, parmi les noms divins,
toi qui dois me parler ; étoile ! mon étoile !
sœur jumelle restée au firmament, alors que j'en tombais.
C'est ton rayonnement parmi les claires nuits,
qui échauffa mon âme de pieux musicien.
Sur moi sans cesse, je l'éprouve ;
il me pénètre, il me meut, il m'inspire
sans que je puisse dire à quel point du ciel tu brilles, étoile... !
mon étoile ! Le Conseil de Douzi... l'offre de l'archimage !
que le rêve soit juge.....

SCÈNE VI

ŒLOHIL (s'endort sur le banc de gazon, au pied de l'arbre)
IZEL (paraît en blanc sur la terrasse du palais)

IZEL

Cette nuit, des étoiles rapides traverseront le ciel,
emportant jusqu'aux Dieux
le souhait jailli du cœur, à leur passage ! L'Archimage l'a dit.
Et je viens confier mes vœux aux filantes étoiles.
Mes vœux ? Fille du patési, saresse à Sirtella
chacun de mes désirs, qui revêt forme ou nom, sitôt se réalise.
Mais le silence de la nuit parlant à l'ombre de mon cœur
je me sens envahie d'un radieux mystère.
Un beau soir de printemps, à celui-ci semblable
ma pensée, languide phalène, flottait sans se poser :
j'écoutais respirer la terre.
Un son lointain vint frapper mon oreille.
Ce n'était pas un chant d'oiseau, la voix du fleuve
ou le colloque de l'arbre avec le vent.
On eût dit une voix, on eût dit une lyre,
ou mieux, parmi la musique des mondes,
c'était, venu jusqu'à ma rêverie, le chant d'une étoile elle-même !
Mystérieuse nuit, ô seule confidente
toi qui formas mon âme au rêve, apaise mon désir sans objet !
Jadis l'éclat du ciel suffisait à mon cœur.
Astres dieux, despotes des humains,
quelqu'un de vous a soufflé sur mon âme
car nul désir ne nous naît que de vous.
Je voudrais qu'entre toutes, grande ou petite, une étoile fût mienne.
Toi que j'appelle sans te donner de nom, étoile de mon rêve,
par quelque signe clair, montre que tu m'acceptes
Zéphyrs, prenez à mes lèvres mon souffle de fleur,
et l'emportez là-haut aux lèvres des étoiles. (elle essème sa guirlande).

ŒLOHIL

Une fleur, une rose, rouvre mes yeux. O présage d'Istar !
Quel démon malveillant m'endormait à cette heure,
où fusent les étoiles messagères de joie !

IZEL

Quand fusera l'étoile... quel vœu ?

ŒLOHIL

De ces mondes brillants qui se balancent dans la nuit,
lequel m'a engendré?

IZEL

Oh ! réentendre encor, cette voix de l'étoile... (une étoile fuse)

ŒLOHIL (saisissant sa lyre)

Etoiles sans nom et sans nombre qui souriez d'un éclat si vermeil,
parmi la chorie radieuse que vous formez, j'ai une sœur.

IZEL

Enchantement d'Istar !

ŒLOHIL

Etoile sœur, veux-tu m'apparaître
et ainsi consummer mon âme à ta lumière,
ou bien dois-je toujours te chanter
parmi le nombre des astres sans nom?

IZEL

Et la voix et la lyre vibrent, tout près de moi!

ŒLOHIL

Etoile bien-aimée, o trop lointaine, que de tendresse et d'harmonie
je sens vibrer en moi pour l'heure où tu m'apparaîtrais!

IZEL (à part)

Etre irréel, qui enchantes la nuit, tu es mon vœu (une étoile fuse)

ŒLOHIL (subitement charmé)

Un trouble délicieux me surprend; un charme agit ;
des sensations nouvelles me pressent de leur émoi subtil!
Etoiles qui passez, en vos trajets de flamme,
emportez jusqu'au ciel mon vœu le plus ardent
que je voie mon étoile distincte de tous les astres (Une étoile fuse)
Ah ! sur la terrasse du palais
une forme se penche... ou saresse ou déesse! (il avance)
Ce n'était qu'un fantôme maintenant disparu,

IZEL a ouvert la porte latérale du palais et s'est avancée doucement.
Je suis l'étoile qui devait te parler.

ŒLOHIL, après une stupeur extasiée

Tu as tout dit déjà, par ta présence,
ta beauté rayonne sur mon cœur.
Ce qui était fermé encor, au livre du mystère, s'explique
au moindre mouvement de ta tunique et aux nuances de tes yeux.
Oui, tout ce qui s'admire épars dans la nature,
et dispersé selon les heures, en toi se concentre et resplendit,
complet au moment même. Tes seuls yeux m'échauffent l'âme
bien plus que les rayons sans nombre de la nuit.
C'est ton soufle qui parfume les airs
et le bonheur serait de te contempler, seule,
dans l'oubli de la terre et du ciel !

IZEL

Dis-moi ton nom, parleur si doux !

ŒLOHIL

Œlohil !

IZEL

Œlohil est un nom doux aux lèvres : le mien, Izel.

ŒLOHIL

Izel, fille de Goudéa !

IZEL

Tu as cru que j'étais Istar ; je songeais à t'appeler Tammuz.

ŒLOHIL

Nos cœurs se nomment mieux, en se donnant,
d'un échange enivré et sans feinte ;
mais nos destins trop différents se conjurent contre nos vœux.
Je ne suis qu'un berger de ton père.

IZEL

Mon père était berger, lorsque ma mère Ourka l'éleva jusqu'à elle.

ŒLOHIL

Architecte et sculpteur, Goudéa mérita sa fortune.

2

IZEL

Poète et musicien, Œlohil méritera la sienne.

ŒLOHIL

Tu serais donc l'étoile véritable, celle qui fait vouloir,
celle qui fait monter vers le noble destin ?

IZEL

Comme tu es celui qui viens habiter,
et remplir de bonheur l'âme jeune et sans rêve.

ŒLOHIL

Je te consacre et ma voix et ma lyre !

IZEL

Et moi j'attendrai que la lyre soumette les cœurs à nos vœux !

SCÈNE VII

ŒLOHIL et IZEL — GOUDEA et L'ARCHIMAGE, venant
du fond

L'ARCHIMAGE

Vois : l'amour est maître!
Tammuz renaît sous les baisers d'Istar, seule impérière au ciel.

GOUDEA

Ma fille... avec un pâtre !...

L'ARCHIMAGE

Les astres l'avaient dit.

GOUDEA (lève sa crosse sur Œlohil, l'Archimage étend la sienne entre le Patési
et Œlohil).
Tu défends ce maudit.,.

L'ARCHIMAGE

J'accomplis mon devoir de mage
Quiconque se révèle poète, ciseleur, architecte
est mon fils ou mon frère, suivant l'âge. J'adopte cet enfant
Je te le renverrai un jour, digne d'Izel, digne de Sirtella.

ŒLOHIL

O Mage !... O maître ! (il baise la main de l'Archimage).

GOUDEA

Fille dénaturée, je saurai te punir...

IZEL

Confiante en la bonne promesse de l'inspiré des Dieux;
je saurai me garder pour ce retour.
Œlohil sera digne de toi, ô Père, digne de Sirtella.

GOUDEA

On arrête mon bras, mais mes imprécations, Œlohil,
sur l'eau qu'elles te submergent;
qu'elles t'engloutissent sur terre;
qu'il croule le mur ou tu t'appuyes;
qu'il te brûle le foyer dont tu t'approches;
que les routes t'égarent, que tout pays t'exile !
Qu'Anou, Bel et Nouah, t'arrachent de la vie,
comme la foudre arrache un chêne !
Que Mérodack, le suprême seigneur s'oppose à tes desseins;
que Samas le grand juge et prononce et t'aveugle;
que Sin l'illuminateur te rende
fou et furieux par des visions;
qu'Adar, fils du Zénith, borne ta vie à ce moment,
que Goula, l'épouse du Soleil, enflamme tes entrailles
et que ta sueur soit de sang; que Nebo désespère ton âme;
qu'enfin, tous les grands Dieux, témoins de ma malédiction
dispersent tes jours comme la faulx les gerbes, Samas, la nuit,
comme le sabot du taureau disperse la poussière,
Esprit de la terre, souviens-t'en, Esprit du ciel, souviens-t'en !

IZEL (qui a contemplé le ciel obstinément)

Aucune étoile n'a passé.

L'ARCHIMAGE

L'imprécation injuste, Patési, est toujours vaine.
Œlohil appartient aux Dieux qui le firent poète et musicien.

GOUDEA

Oh ! prendre ainsi parti contre moi, Goudéa, pour un pâtre !

L'ARCHIMAGE

Je prends parti pour tout ce qui s'élève !
Un mage t'ayant vu, ô Pâtre Goudéa, dessiner sur le sable
t'emmena et tu devins un grand artiste.
J'ai entendu chanter ce pâtre ; il deviendra un grand poète.
Sept fois malheur au pays ou les mages laissent un seul génie
en proie aux hasards corrupteurs
aux affres malement conseillères de la vie.

GOUDÉA

Que jamais Œlohil ne vienne à Sirtella.

L'ARCHIMAGE

Viens au temple d'Ereck recevoir le mystère, fils des étoiles ! élu !
(Il emmène Œlohil, tandis que Goudéa d'un geste sévère ordonne à Izel de le précéder)

———

ACTE II

L'INITIATION

Une salle basse au grand temple d'Ereck. — A droite lit de repos.
A gauche sorte de lutrin.

SCÈNE I

ŒLOHIL

Ce qui est en haut (Goudéa),
est comme ce qui est en bas (Œlohil),
et ce qui est en bas (Œlohil)
est comme ce qui est en haut (Goudéa)
pour accomplir les miracles d'une seule chose : (Izel)
Je séparerai donc la terre (mon passé de berger) du feu (mon lyrisme)
et le subtil (la poésie) de l'épais (mon ignorance)
avec la volonté (c'est-à-dire avec l'amour).
La volonté (l'Amour) monte
de la terre (ma basse condition) au ciel (au temple)
et derechef descend en terre (revient à Sirtella) recevant la force
des choses supérieures (l'initiation), et inférieures (la sexualité)!
Ainsi j'aurai toute la gloire de Sirtella (Izel) ?
Car la volonté (l'amour) est la force forte de toute force
même contre l'entêtement de Goudea !
Langage du mystère que mes yeux seuls lisaient,
mon esprit, éclairé par l'ardent désir, te pénètre déjà !

SCÈNE II

ŒLOHIL. — L'ARCHIMAGE.

L'ARCHIMAGE (lui touchant l'épaule).
Rêveur ! rêveur, ton devoir d'harmonie.

ŒLOHIL

Le voici !

L'ARCHIMAGE

Rhytme d'épithalame !
Tu n'as un cœur que pour Izel et ne sais chanter que l'amour !

ŒLOHIL

Les vieux maîtres de l'art que tu m'as révélés, Archimage
si grands qu'ils soient me semblent inhumains.
Toujours les dieux ! les dieux sont loin !
Que suis-je pour un dieu ? tandis que je suis tout pour elle !

L'ARCHIMAGE

Parole impie ! Dès que la créature n'existe plus pour toi
tu existes pour Dieu.

ŒLOHIL

Mage, je t'ai suivi pour conquérir Izel et non pour l'oublier.

L'ARCHIMAGE

Je t'ai promis du cuivre et je t'offre de l'or !
Je t'ai promis la gloire, je t'offre la Magie :

ŒLOHIL

Tu me crois plus grand que je ne suis...
Son doux regard, voilà mon horizon.

L'ARCHIMAGE

Enfant, ton âge seul s'exprime en ce moment.
L'Amour n'est pas cette aveugle attraction
qui pousse l'un vers l'autre, le jeune homme et la vierge.
L'Amour, apprends-le donc, est le désir complet
dépassant à la fois la vie et l'art
la sensation comme la rêverie ! et qui monte au mystère.

ŒLOHIL

Explique donc comment le souvenir d'Izel seul m'inspire !

L'ARCHIMAGE

Tu commences la vie ; et son unique événement t'impressionne.
La femme est la première énigme que tout homme doit deviner.

Douée d'un charme étrange qui nous incite
elle s'impose à tous, mages ou pastoureaux.
Malheur à qui l'ignore,
mais gloire à qui triomphe du dangereux prestige.
Quand je t'ai rencontré, tu avais atteint
la seconde étape qui est l'Art.
Là, des grandeurs certaines, des noblesses formelles surgissent :
on approche des dieux, par la création poétique ;
et on s'appelle Goudea, Œlohil, architecte ou poète.
Il existe un troisième destin qui dépasse
la lyre et le compas, enfant, et ce destin c'est le mystère !
Connaître le pourquoi de toute chose, lire la cause dans l'effet,
assister conscient au spectacle de l'univers,
et sentir par instants qu'on touche à Dieu, par la pensée !
Tel est le sort du Mage.
Tandis que le vulgaire s'effare au moindre éclair,
nous faisons de la foudre, une lumière pour nos travaux ;
les poisons en nos mains deviennent des remèdes,
et nous avons tous les secrets.

ŒLOHIL

Comment ne vois-tu pas, que je résisterai
à tes objurgations ! ô Mage, qu'elles sont vaines.
Tu t'efforces contre un adversaire vainqueur :
le souvenir indicible et charmant d'Izel
si blanche dans la nuit et me donnant son âme.

L'ARCHIMAGE

Tu n'aimes pas Izel, fille de Goudéa, non, tu aimes la femme,
c'est-à-dire une forme où ton instinct te pousse.
Mieux vaut satisfaire un désir que le garder en soi obsédant.
Je voulais te guérir de la passion qui te remplit
pour la concupiscence, ton idéalité te défend
d'y durer, si tu y tombes.

ŒLOHIL

De tes paroles, aucune ne se perd inécoutée, ô Mage :
tu m'as dit que la virginité est une force ;
aussi que le vouloir toujours se réalise, s'il est unique !
Je t'obéis donc mieux, en me conservant pur,

et l'effort de ma volonté maintenue fermement,
demeure le vrai gage du bonheur que je veux mériter.

L'ARCHIMAGE

Ta réponse me plaît : réfléchis cependant !
Demain la troisième année va finir, de ton noviciat.
Il te reste un jour pour méditer avant de retourner à Sirtella ;
D'ici-là pèse bien et compare ton amourette et la Magie. Choisis !

SCÈNE III

ŒLOHIL.— LE CHŒUR DES MAGES (invisible).

LE CHŒUR

Gloire au Dieu, ineffable, seul Dieu
qui doit visiter cette terre.
Gloire au Dieu, seul tout puissant
qu'annoncera une nouvelle étoile.
Gloire au Dieu qui naîtra d'une vierge
et qui aura la paille pour berceau.
Gloire au Dieu qui vaincra la mort, la provoquant lui-même.
Gloire à ce Dieu et mystère à son nom
Oannès l'a caché, Ilou ne l'a pas dit.
Adorons-le sous les traits d'un enfant étendu sur la croix mystique !

ŒLOHIL (à genoux)

O toi que j'ignorais, en entrant dans ce temple,
seul Dieu invoqué par les Mages !
O toi qui dois venir sur cette terre
fais-moi rentrer vainqueur à Sirtella !
Que ta toute-puissance, sur le Fils des Etoiles, se manifeste
Protège le berger, toi qui naîtras dans une étable.
O vainqueur du trépas, qu'on ne nomme jamais
je t'adore et je crois à ta miséricorde
O Dieu-enfant couché sur une croix... (Il se relève. Tintements de cloches).
Voici la septième heure ; les néophytes vont chanter.

                                    (Il prend sa lyre et sort),

SCÈNE IV

L'ARCHIMAGE (seul)

Ainsi, ce merveilleux poète bornera son génie
à comparer les yeux d'une femme aux étoiles,
ses lèvres à la rose et sa taille au palmier
comme un chanteur du Gange !
Notre grandeur, O Kasdim, ô mes frères,
c'est notre doux mépris des femmes et l'immense dédain de l'amour.
Nous sommes ces mâles cérébraux,
que les petites mains n'oppriment pas :
et notre bonté forte s'éloigne autant
de la brutalité touranienne que des rêves hindous!
L'amour n'a pas de nom, parmi nos rites:
à chaque Dieu nous donnons sa parèdre ;
l'initié comprend que seul le Dieu androgyne est complet
et le fidèle, qu'il faut voir
dans la femme, l'enfant ; et dans le mariage, la famille.
Ce précieux chanteur, je voudrais l'élever
plus haut qu'il ne souhaite, et qu'il fût mage et grand,
non pas heureux et poète.
C'est peu pour une si belle âme que régner et chanter à Sirtella !...
La courtisane tarde encor...

SCÈNE V

L'ARCHIMAGE. — LA COURTISANE SACRÉE

LA COURTISANE

Archimage, me voici.

L'ARCHIMAGE

Tu connais le néophyte Œlohil ?

LA COURTISANE

Œlohil, le plus charmant de vos disciples, le plus farouche aussi.
Quand nous passons, mes compagnes et moi,

auprès lui, dans les jardins,
il baisse ses beaux yeux, obstinément

L'ARCHIMAGE

Il te plaît, je te le livre : je permets qu'il tombe dans tes bras !

LA COURTISANE

Délicieuse invite ! ironique peut-être ?
Œlohil — une femme devine —
n'a pas la contenance du pieux néophyte !
Sa réserve accuse une passion profonde
il se garde pour quelque jeune fille de Sirtella.

L'ARCHIMAGE

Eh bien ! Voler un cœur, cela stimule l'âme inférieure de la femme,
Œlohil a donné sa foi, penses-tu ?
Ton plaisir sera grand de le rendre parjure.

LA COURTISANE

Vivre avec les sages profite : qui n'émeut pas le cœur souhaité,
soi-même se trouble et je crains de l'aimer.

L'ARCHIMAGE

Que de prudence et quelle humilité !
Je confierai cette mission à une autre fille du Temple

LA COURTISANE

Oh !

L'ARCHIMAGE

Obéis donc ; fais-le trébucher jusqu'à toi
je le permets, je l'ordonne !
Quand un rayon de Sin frappera le portique
parais alors, raconte que tu viens de Sirtella
que la fille du patesi, Izel, est mariée :
son dépit est certain ; que cette nuit le souille et le sauve !

SCÈNE VI.

LA COURTISANE (seule)

Quel dédain de la femme chez ces mages !
Cependant, l'épreuve où nous intervenons se nomme la suprême ! —
Par trois années d'étude et de piété, Œlohil mérita la tiare :
s'il tombe dans mes bras, tout cela est perdu !
Son noviciat recommence.
Je suis tentée de tromper l'Archimage, de laisser Œlohil triompher ;
j'honorerai ainsi l'amour lui-même en ce parfait amant.
Izel, fille de Goudea, ton bonheur dépend de mon plaisir ! —
Je suis tentée aussi de suivre mon caprice,
de provoquer la première caresse de ce poète pur.
Qui prévaudra de mes deux sentiments ?
la malice me plaît, l'aventure me charme
Œlohil est joli, mais décevoir les Mages ?
Tammuz et la minute décideront. Il vient.

(Elle se dérobe sans quitter la scène).

SCÈNE VII (la nuit est venue).

ŒLOHIL (rentre et pose sa lyre)

Encor un jour d'effort, de solitude et de constance,
et puis je serai libre et l'égal de tous ;
je serai demain, à cette heure, digne d'Izel, digne de Sirtella !
Trois années ont passé, sans une fleur cueillie de sa main
sans un message de la mienne,
sans que nul me parle d'elle. Trois années !
L'absence tue l'amour et la femme déçoit !
je crois pourtant, je crois en elle ! Istar garde-la-moi. (Il s'assoupit

SCÈNE VIII

ŒLOHIL. — LA COURTISANE

LA COURTISANE

Œlohil !

ŒLOHIL (ensommeillé)

Izel !

LA COURTISANE (le touchant)

Ne pense plus à Izel !

ŒLOHIL

Ne plus penser à la chère âme !
Qui es-tu, femme ? Une courtisane sacrée
que les Mages envoient pour m'éprouver ?

LA COURTISANE

Je suis une vierge de Sirtella, envoyée par le patesi
pour choisir des broderies à l'autel de Samas destinées :
je t'apporte le souhait des bergers ; les Mages l'ont permis.

ŒLOHIL

Ne plus penser à Izel ?

LA COURTISANE

Izel est mariée.

ŒLOHIL

Tu mens ! Tu mens, te dis-je... Je pressens une embûche..
Mariée... avec qui... depuis quand...?

LA COURTISANE

Avec Ismi, patési de Larsam ! Depuis un mois.

ŒLOHIL

Ah! si je te croyais ? mais croire à l'impossible?
Douter d'elle : douter seulement, je ne l'oserais pas.

LA COURTISANE

Songe à ta longue absence !

ŒLOHIL

Oui, trois années, sans que rien ravive
l'impression d'un soir, l'extase d'un moment !

LA COURTISANE

Si vive et douce que soit une heure
elle s'efface dans un cœur de seize ans.

ŒLOHIL

Dans mon cœur cependant, cette heure ineffaçable, vibre toujours
Mon amour s'est accru, a grandi dans l'étude.
Oh ! si tu es véridique, je la déteste !
Tandis que je veille et prie pour la mériter
oublieuse, parjure, elle aurait accepté un époux !
imposture ! je l'aurais senti, deviné, si c'était vrai. Femme, tu mens !

LA COURTISANE

Pourquoi te mentirai-je ?

ŒLOHIL

Pour me pousser au vœu de l'archimage.
qui voudrait me garder dans le temple.

LA COURTISANE

Quoique jamais tu ne m'aies regardée
je t'écoutais chanter à Sirtella et j'aimerais t'y réentendre.

ŒLOHIL

J'en suis banni... et si, ce que je nie toujours, Izel m'avait trahi,
J'irais avec une autre femme sous le palmier de son parjure
Et là, devant le clair regard des étoiles, je renierais son nom,
et mon baiser toucherait aussi d'autres lèvres.

LA COURTISANE

Songe dès maintenant à cette représaille ;
je m'indigne avec toi : veux-tu que retournant à Sirtella
je porte ton salut à quelque vierge ?
N'as-tu pas remarqué Ilga, fille du ciseleur ou Tréï la brodeuse?

ŒLOHIL

Izel mariée ! astres Dieux !

LA COURTISANE

Je repars, Œlohil ? Adieu.

ŒLOHIL

Non attends... tu es jolie et fidèle, peut-être. La trahison t'indigne !
Veux-tu que je te voue et ma voix et ma lyre

Veux-tu que j'apprenne ton nom aux échos de Sirtella ?
Veux-tu le cœur d'Œlohil, le poète ?

LA COURTISANE

Je le voudrais, ce cœur qui s'offre, s'il se donnait vraiment...

ŒLOHIL

Tu me refuses ?

LA COURTISANE

Non, mais je pars

ŒLOHIL

Demeure : ou la Magie est imposture ou bien Izel souffre déjà.
Les âmes ignorent la distance et ma colère peut commencer ici.

LA COURTISANE

Le dépit seul t'inspire ! Adieu !

ŒLOHIL

Reste, je vais chasser son souvenir.
Si longtemps, j'ai porté son image en mon cœur,
l'oubli ne se fait pas d'un coup... Izel !... Izel !...

LA COURTISANE

Son nom encor ? tu n'as pas demandé le mien ?

ŒLOHIL

Tu es celle qui vient pour venger mon injure ;
tu t'appelles fierté, justice ;
tu surgis, conduite par les Dieux, chère consolatrice
Quel serment exiger de toi ? par quelle exécration nous lier ?

LA COURTISANE

Jurons par Zarpanit, de Merodack divine épouse.

(Tintement de cloches)

ŒLOHIL

Les astres m'avertissent, que mon destin est là.
Si l'archimage avait raison !...

LA COURTISANE

Tu m'oublies avec ta vengeance.
Si tu te voues aux Dieu, Izel ne pleurera pas.
Tu ne frappes au cœur la coupable
que par un autre amour, que par un autre hymen !

ŒLOHIL

Viens donc comme elle vint, nouvelle étoile, mon étoile !
Rayonne sur mon cœur :
je ne veux plus penser qu'aux mouvements de ta tunique
et aux nuances de tes yeux.

CHŒUR (invisible)

Dans le bleu firmament les étoiles s'éveillent
Istar paraît ; la sainte nuit descend.

ŒLOHIL

Le chant de Sirtella !

LE CHŒUR

La lune se balance, ronde et blême.
Conjurons son humeur fantasque, par des chants

ŒLOHIL

Astres dieux : qu'allais-je faire ?

LE CHŒUR

Les formes disparaissent ;
les dieux et les déesses se penchent au balcon du ciel.

LA COURTISANE

Tu me fuis maintenant !

LE CHŒUR

Et les étoiles sont leurs yeux qui contemplent nos âmes
pour mieux distribuer le sort bon et mauvais !

ŒLOHIL

Mon âme se parjurait aussi, Dieux tutélaires !
Même Izel inconstante, Œlohil restera fidèle à son vouloir.
Je ne dois pas la suivre dans sa faute.

Le néophyte garde sa volonté, même dans la douleur !
Hommage aux Sept, les grands recteurs
Et gloire aux étoiles sans nombre (il s'agenouille, la courtisane sort).

SCÈNE IX

ŒLOHIL. — L'ARCHIMAGE

ŒLOHIL

O Maitre, j'ai souffert !

L'ARCHIMAGE (le relevant)

Tu triomphes ! Malgré mon désir de te vouer au saint mystère
Je salue ta belle volonté !

ŒLOHIL

Vous incliner vers moi, vous !

L'ARCHIMAGE

J'accomplis mon devoir de Mage.
Quiconque veut est grand.
Je salue la beauté partout où je la vois ;
et le Vouloir est la beauté de l'àme
Salut à toi, mon jeune frère. Salut Mage !
Reçois en ce moment le baiser qui te sacre !
Je te regrette pour les Dieux.
Tu as choisi ton sort ; tu t'y annonces grand.
Viens donc à Sirtella, recevoir ton Izel
Fils de la Volonté, fils des étoiles !

ACTE III

L'INCANTATION

Décor du premier acte. — C'est l'aube.

SCÈNE I

GOUDEA, (sombre) et L'ARCHIMAGE, en manteau brun, méconnaissable, se lève au passage du patési et le salue.

L'ARCHIMAGE

J'ai dormi sous tes palmiers, tes édifices ont ébloui mes yeux,
le vin de tes vignes, on me l'a versé, patési ;
et je reprends ma route, sans un vœu
pour cette ville calme où le bonheur habite.
Salut, souriante cité d'artistes précieux et de pâtres rêveurs,
Salut, ô Sirtella, la bénie des étoiles !

GOUDEA

Le malheur habite mon palais.
Les grands taureaux n'ont pas gardé mon seuil.
Comme sèche la fleur, au vent d'automne,
ma fille Izel languit et se fane ; pour elle, fais des vœux ;
fais des vœux, pour un père alarmé, voyageur.

L'ARCHIMAGE

Ta fille serait-elle possédée d'un incube ?
Je sais l'incantation qui les chasse.

GOUDEA

Plus savants que toi l'ont tenté.

L'ARCHIMAGE

Science n'implique pas puissance.
Le sort jeté par un berger ignare est souvent
plus funeste que l'anathème d'un archimage.
Le passant, riche sous un manteau grosier,
prince quoique sans suite, et savant malgré son front nu,
vaut parfois autrement qu'il paraît.
Ne méprise jamais l'air du péregrin.
Celui qui passe, souvent les Dieux l'envoient !
Qui donc ensorcela ta fille ?

GOUDEA

Un de mes pâtres, un enfant qui chantait sur la lyre !
Il leva un regard ravisseur vers la terrasse où ma fille rêvait.
Le cœur des vierges est faible par les nuits de printemps.
Je le chassai.... mais son maléfice resta au cœur d'Izel.
Rien ne put la dédire des serments échangés, ni conjurations, ni pleurs..
Ton avis salutaire, ô passant, je l'écoute.

L'ARCHIMAGE

Une question encor ? Qu'est devenu le pâtre ?

GOUDEA

L'Archimage d'Ereck qui le jugeait poète
prit parti contre moi et l'emmena.

L'ARCHIMAGE

Voici donc mon conseil :
si le pâtre docile au mage, a élevé son âme par le mystère,
s'il a subi les épreuves en vainqueur,
gardant toujours à l'âme son amour pour ta fille,
le charme jeté sur elle est invincible et restera.
Si mauvais néophyte, il faiblit dans l'effort
Et se dément aux cérémonies probatiques.
tu verras aussitôt ta fille l'oublier.

GOUDEA

Même poète, même mage, comment me succéderait-il ?
Je laisserai inachevés, sans doute,
et le temple d'Ilou et l'autel de Samas. Est-ce aux sons de sa lyre
que les briques se dresseront en murailles, en colonnes, en arceaux ?

Je ne connais, sur terre, aucune dignité qui égale
celle du constructeur des sanctuaires.
Non, ce n'est pas le patesi qui repousse un berger,
c'est l'architecte Goudéa qui veille à la durée et à la suite de son œuvre
Art sublime, art premier, seigneur de tous les arts, Divine Architecture
tu as eu tout mon temps, tu auras tout mon cœur.
L'épouse, la fille même, moins chères que toi,
disparaissent devant la splendeur surhumaine
d'un monument sacré à bâtir.
Puissants Dieux, dont j'ai édifié les heureuses demeures,
secourez-moi en ce péril,
où ma piété s'attriste d'une paternelle douleur.

L'ARCHIMAGE

Ton saint enthousiasme me frappe de respect
Immortel Goudéa
et ton aveuglement est si sublime que je n'ose pas t'éclairer.
Quand les mages de Babilou placèrent
en tes mains créatrices, l'étalon des mesures,
Quelle fut leur parole ? Celle-ci, Goudéa !
« Souviens-toi que la beauté, mon fils, ne réside pas dans un art,
et les féconde tous : que tu dois honorer d'une égale piété,
le compas et la lyre, le calame et le ciseau,
ainsi que tu adores le Dieu unique, sous des appellations innumérables.

GOUDEA

Tu fus initié, voyageur.
Mais il existe une suprême faculté qui ne s'enseigne pas
qu'on apporte en naissant, et qui seule fait œuvrer : l'enthousiasme.
Honte à l'artiste qui ne proclame pas son art, fût-il potier
le plus brillant des arts.
Apprends de Goudéa, ô passant conseilleur,
que la pondération si nécessaire au juge, au sar, au prêtre
ne nous concerne pas, nous les artistes !
Lorsque nous sommes grands, c'est comme les amants
par l'absurdité même !
Un art est un trépied où prophétise une auguste folie.
Va dire à la voyante sacrée, de ne pas déranger
les plis de sa tunique et de régler sa voix d'inspirée sur la flûte !
Le mystère de l'art ! étranger, est terrible !
Souviens-toi d'avoir vu un vieillard sacrifier son enfant à son œuvre !

Blâme si ton cœur n'est empli que des sentiments de la chair :
si tu comprends l'ivresse de créer, la joie du monument
et d'être ainsi si près des Dieux : admire, voyageur ! (Exit)

SCÈNE II

L'ARCHIMAGE (regarde Goudéa s'éloigner, puis frappe dans ses mains. A ce signal parait) ŒLOHIL

L'ARCHIMAGE

Nul ne le fléchira par des raisons,
et quand son cœur résiste à trois années d'alarme, qu'espérer d'un discours ?
Voilà bien le danger des initiations restreintes,
qui perdront la Magie, quelque jour.
L'admirable architecte, le sculpteur immortel n'est pas un grand esprit :
sublime quand il parle de son art, stupide en toute matière.
Oannès lui-même ne l'eût pas incanté !

ŒLOHIL

Ton pouvoir d'Archimage, emploie le contre lui !

L'ARCHIMAGE

Jeune homme qui désire et vieillard qui s'entête, se valent.
J'abuserais de ma puissance sacrée,
mage sur un artiste qui créa,
prêtre contre l'autorité du père qui, même obscurcie, reste sainte ?

ŒLOHIL

Achève ton ouvrage, ô Maître,
fais que j'épouse Izel, fais que je sois heureux.

L'ARCHIMAGE

Silence, ton bonheur ne m'inquiéta jamais.
Nul n'a droit au bonheur que la bête,
pour qui souffrir est sans profit ;
mais l'homme ne grandit que par ses peines.
J'ai protégé, en toi, la divine présence de l'inspiration poétique.
Tu avais le génie et je t'ai donné la science.
Pour un désir d'amour, tu as refusé la Magie.

Que ce désir qui seul te meut, t'inspire donc !
Trois ans passés, je te rencontrai ici même
te voilà ramené devant cette terrasse, où une étoile t'a parlé.
Cette robe de lin te fait l'égal de tous ;
commande par la lyre aux cœurs qui te repoussent.
Cherche donc le bonheur dans l'amour :
les premiers instants sont exquis !
Oh ! régner sur une âme, être le dieu d'un être, enivre !
Bientôt, jetant ses voiles, l'amour t'apparaîtra ce qu'il est :
la forme attrayante de la douleur.
Alors ! reviens au temple, purifier ta lyre
et la vouer au Dieu unique que je t'ai révélé.
(Œlohil s'agenouille) Je le prie qu'il te garde (il le bénit. Exit).

SCÈNE III

ŒLOHIL (seul).

J'ai séparé en moi, la pure flamme des terrestres instincts,
mon très subtil amour de la concupiscence épaisse :
ma volonté s'élevant par l'enthousiasme
descendra au cœur de Goudea
forte par la pensée, par le désir touchante :
j'aurai ainsi toute la gloire de Sirtella
car durant trois années mon vouloir fut unique.
Langage du mystère que mes yeux seuls lisaient,
mon esprit te comprend, à cette heure.
Ici, elle parut ; ici, elle parla, ici, nos cœurs s'unirent
émus tous deux pour la première fois.
O charmante pensée de se dire qu'un être
date de vous, quand vous datez de lui.
Comment te conquérir, maintenant que je t'ai mérité
Izel ! mon Izel ! O toi qui m'as parlé !
Sœur jumelle demeurée à Sirtella
pendant que trois années, studieux néophyte, je sus mériter mon desti
C'est ton rayonnement qui soutint mon courage
de pieux musicien, pendant les épreuves magiques :
sur moi, sans cesse, je sentais la clarté de ton cœur,
et ce fluide pénétrant me donna la victoire,
sans que je puisse dire comment

tu m'envoyais ainsi ton âme, Izel ! mon Izel !
Le conseil de Douzi, je l'ai suivi,
et l'unique désir me remplit et une étoile me parla !
Maintenant je suivrai l'avis de l'archimage
j'enchanterai l'âme de Goudea.
Vous, Samas et Nebo, soyez mes génies assistants.
Un rayon du soleil qui décline
vient d'éblouir mes yeux, présage de Samas.
Si Goudea passait, devrais-je me jeter à ses pieds ?
O pensées sans raisons et sans ordre qui vous heurtez en moi.
laissez l'une de vous, la faste et l'excellente, seule percer,
idée salvatrice surgis : assure mon âme troublée ?
ou bien dois-je vaciller encore
parmi les partis inconsidérés qui m'obsèdent !
Intuition sainte, absente maintenant, éclaire-moi !

(un son de corne, puis la voix du)

CRIEUR

Au nom de Bel-Merodack, vous tous de Sirtella,
souvenez-vous qu'à la septième heure,
notre patési Goudea, avec quatre anciens de la ville,
s'assiera au palmier de justice
et rendra les arrêts inspirés par les Dieux.

ŒLOHIL

Oui, ce sera le moment de paraître ! (exit).

SCÈNE IV

IZEL (sur la terrasse, comme au premier acte).

Mon père rend justice à tous, aujourd'hui, pourquoi pas à sa fille ?
Selon cette sagesse qui l'a rendu aussi célèbre que ses édifices ;
Goudea, tout à l'heure éteindra la prévention
et ses sentiments propres ; il jugera selon Merodack,
et toute plainte qui lui sera portée, se verra entendue.
Je viendrai confier ma détresse à sa grande équité ?
Fille du patési, je suis, à Sirtella, la seule victimée.
A peine mon destin eut une forme, un nom,
au premier battement du vrai désir, ce même père,

- docile aux moindres caprices de l'enfant, me contrista sans trêve.
 Mais l'écho de ta voix, de tes douces paroles, Œlohil,
 vibre toujours dans l'ombre de mon cœur :
 un radieux espoir m'envahit à cette heure....
 Voici le doux anniversaire,
 la nuit revient où me fut révélé le saint mystère.
 Depuis ce moment adorable, ma pensée a vécu vers lui :
 écoutant le silence, j'y devinais sa voix.
 Jour éclatant que je fuyais naguère
 je viens à toi, car la suave paix, sur moi descend.
- Astres Dieux, despotes des humains
 quelqu'un de vous a soufflé sur mon âme :
 aucune joie ne nous vient que de vous,
 et je suis envahie d'allégresse.
 Toi que j'attends depuis trois années, que j'attendrai toujours,
 Œlohil, es-tu donc près de moi, revenu et vainqueur.
 Zéphyrs, prenez à mes lèvres mon soufle de fleur
 et l'emportez là-bas aux lèvres adorées d'Œlohil,
 aux lèvres attendues, aux lèvres bien-aimées ! Œlohil, Œlohil !

(Elle quitte la terrasse).

SCÈNE V

LE CHŒUR DES ANCIENS. — puis GOUDEA.

Samas, le cœur du ciel a échauffé la terre.
Roi des contrées et purificateur insigne
nos yeux sont enivrés de ta sainte lumière
nos corps sont affermis par ta bonne chaleur
O splendeur du zénith, o seigneur exalté
tu enfermes les démons dans l'abîme,
les bons génies, tu les multiplies sur le monde,
pour cet enfant poète qui partit, faisons un vœu !
Que Sirtella réentende et sa voix et sa lyre !
Soleil de ce soir ! soleil de demain ! éclaire son retour
par le puissant nom des Sept !

(Goudea vient s'asseoir sous le palmier, les anciens prennent place.)

GOUDEA

Anciens de Sirtella, que votre sagesse m'assiste,
au devoir d'équité, et toi Dieu Mérodack, maître des jugements

sois présent et parle par ma bouche (il s'assied).
Nul plaignant ? Heureuse Sirtella !
Anciens, remercions les Dieux. Mon devoir est fini
puisqu'aucune victime ne crie vers moi (il se lève).

SCÈNE VI

GOUDEA. — LES ANCIENS. — IZEL, (voilée).

GOUDEA

Que veux-tu de Goudea, femme?
Pour me porter ta plainte, n'as-tu donc pas d'époux ?
(signe négatif d'Izel) Tu as un père ? (signe affirmatif d'Izel).
Ton seul juge c'est lui, (signe négatif d'Izel).
Tu accuses celui qui t'engendra ? (signe plus affirmatif).
Pèse bien ton audace ; le père doit être comme un Dieu pour l'enfant ?
Je siège seulement pour l'orphelin, la veuve !
Persistes-tu ? Ainsi, tu accuses ton père ? (Signe affirmatif).
Ma fonction m'y force ; je jugerai ; dévoile-toi !

IZEL (se dévoile).

Justice, Patesi! Nobles vieillards, justice !

GOUDEA

Opprobre sans nom, démence de l'amour !
vieillards, plaignez-là ! plaignez-moi ! elle est ensorcelée !

IZEL

Justice, Patesi ! Nobles vieillards, justice !
Est-ce le droit du cœur, de battre
jeune vers la jeunesse, tendre pour un poète?
Le respect filial veut-il qu'on renonce au bonheur,
quand ce bonheur s'appelle aussi la gloire?
Certes, le père est juge de la dignité d'un époux !
Si je souhaitais un horrible guerrier, un ninivite
il devrait résister à mon honteux désir.
Celui que j'aime n'est pas fils de Nergal ;
Comme mon père artiste, il incante par la lyre,
ces mêmes Dieux dont Goudéa a dressé les heureuses demeures.
J'ai échangé ma foi avec ce Kaldéen que vous connaissez tous.

Œlohil ! pâtre comme fut mon père, mérita même honneur.
L'archimage d'Ereck devinant son génie, l'emmena.
A cette heure, il me mérite par la sagesse et l'étude ;
et lorsqu'il reviendra portant la robe sans ceinture
et la mitre, vous verrez Goudea, dire au porteur de lyre :
« Tu n'as pas en tes mains, l'étalon des mesures. »
Les Dieux mêmes président à des œuvres diverses.
Samas et Sin sont les poètes, Adar et Merodack, les prêtres et les sais.
Nebo commande à la subtilité comme Istar à l'amour.
Mettriez-vous dans la main de Nergal une lyre,
une épée dans celle de Adar.
Ce sont de puissants Dieux, pourtant !
Anciens de Sirtella, répondez,
mon père inquiet seulement de terminer ses édifices,
me sacrifierait à son art. Répondez ! le doit-il !
Justice, Patesi ! Nobles vieillards, justice !

GOUDEA

Ils ne répondront pas. De son sang le père seul décide
selon un droit divin. Sans répondre à ta rébellion folle,
il n'est pas dit que ce chanteur revienne, mitre en tête.
Sur lui, pèse mon anathème,

IZEL

Quand tu le maudissais, je regardais le ciel,
aucune étoile n'a passé.

GOUDÉA (il lui tend les bras)

Je te pardonne, ô chère possédée, misérable charmée !

IZEL (se redressant)

Œlohil ? Est-ce-toi ? Quelle magie ?

GOUDÉA

Voyez comme elle tremble. On dirait un oiseau fasciné
Justes Dieux, pourquoi frapper ainsi ma vieillesse ?
Je suis pieux, pourtant !

SCÈNE VIII

LES PRÉCÉDENTS. — ŒLOHIL (enveloppé d'un manteau bruni)

GOUDEA

Qui es-tu ? Ta présence me cause une horreur instinctive.
je ne pourrais te rendre vraie justice ;
les astres entre nous ont mis l'inimitié.
O plaignant inconnu, n'exige pas mon jugement !

ŒLOHIL

Je suis un enchanteur qui romps les charmes
Avant de me voir, acceptes-tu le secours de mon art ?

GOUDEA

Qui t'a dit que ton art serait le bienvenu ?

ŒLOHIL

L'archimage d'Ereck !

GOUDEA

Tu viens d'Ereck ? Sais-tu si ma malédiction se réalise ?
Œlohil, qu'est-il devenu ?

ŒLOHIL (rejetant le manteau paraît en robe de lin et mitre en tête,

Digne d'Izel, digne de Sirtella !

GOUDEA

Malédiction des Sept! Retourne vers Ereck et dis à l'archimage
que le vieux Goudéa te refuse et te chasse aujourd'hui comme autrefois

IZEL

Oh mon père !

ŒLOHIL

Chasse donc ton Izel, car elle me suivra !

GOUDEA

Non, car vous seriez trois. Le malheur vous ferait fidèle escorte.
L'anathème d'un père, les Dieux toujours l'exaucent.

ŒLOHIL

Nébo, ô toi qui persuades, inspire-moi !

GOUDEA

N'invoque pas Nébo ; tu es mage. Eh bien, magifie !
Quand tu jetas ton charme
la nuit, la lune et le printemps étaient complices !
Seule et séduite par les démons de l'ombre
les esprits de vertige, elle faiblit.
Sous l'œil encore rayonnant de Samas
devant ces vieillards, devant moi,
refais ton charme et qu'elle oublie mes cheveux blancs et sa pudeur.
Quand le Dieu Merodack d'un terrestre amour
fut frappé pour Gamil, la reine de Soumir, il parut, il parla.
Elle vint tomber dans ses bras, aux yeux de tous.

IZEL

O Père, ne tente pas l'épreuve !

ŒLOHIL (accepte le défi, il se place en face d'Izel et prélude sur sa lyre)

Sar du ciel, sublime musicien
qui tiras du cahos le poème des mondes !
Sar de la terre, poète incomparable
qui nous apprends la pitié et la gloire !
Amour ! Amour ! c'est toi que l'on défie !
Viens triompher par ma lyre et ma voix !
Quand une fleur, sous la caresse du printemps
entrouvre son calice au papillon qui rôde : quel charme agit ?
Tu rêvais d'amour dans la nuit, o fleur de chair, o fleur d'âme,
je fus le papillon ! Ton cœur parlait, je fus l'écho :
je répondis « je t'aime » à ton attente
je répondis « toujours » à ton désir.
C'était ce jour béni de Tammuz qui renait :
le voilà revenu, parfumé et fleuri !
Oh! ne te défends pas de l'attaque si douce
que te fait ce génie, le doux sar du printemps.
Il commence le règne du suave despote ;
ses dîmes, des baisers ; ses corvées, des plaisirs, et son impôt. l'extase.
Esprits de l'air, agacez-la du froissement de vos ailes !
Esprits souterrains, laissez un moment,

les trésors dont l'éclat vous enivre ;
et poussez hors du sol, l'haleine des diamants admirables,
pour fasciner ses sens !
Rosée du soir, encens des fleurs
gazouillement de l'eau, fluance du nuage
ô douce émotion de la nature alanguie,
et qui songe avant de s'endormir,
énerve son vouloir, désarme sa pudeur !
Esprits du feu, brûlez et desséchez
d'une ardeur imprévue et sa gorge et sa lèvre.
Baiser, descente de l'âme, ascension du corps,
fibule du cœur et des reins, o signe du bonheur,
ô redite éternelle des couples emparadisés, baiser geste des anges !
Lèvres, territoire contesté entre l'esprit et la matière
lèvres qui ouvrez sur le ciel, diseuses de beauté, donneuses de bonheur
o rebord rougeoyant de l'être,
margelle au puits d'où sort la voix tendre ou sublime,
lèvres de la Bien-Aimée, venez à mes lèvres adoratrices
par la toute-puissance du Sar amour qui règne sur les Dieux !

(Izel fascinée au cours de l'incantation, vient tomber, comme malgré elle, dans les bras
d'Œlohil. Goudéa déchire son manteau.)

GOUDEA

Sortilège ! Soyez maudits tous deux : Anciens, ma fille est morte !

ŒLOHIL (ramenant Izel à son père)

Retiens ton anathème, je te rends ton enfant.
Aucun remords ne doit rester, maléfique, au cœur d'Izel.
Veux-tu qu'entre nous deux, les astres rois décident ?
L'arrêt des brillantes étoiles, l'acceptes-tu ?
Acceptes-tu le jugement des Dieux ?

GOUDEA

Le connais-tu, toi, qui l'invoques, ce jugement,
qu'Oannnès établit pour que la force d'âme prévalût.
Les ennemis sont placés face à face,
ils parlent, ils chantent, ils prient,
sans se quitter des yeux, pendant qu'un sablier s'écoule.
Celui dont l'âme se trouble et faiblit, est vaincu.
Incante, je ne t'opposerai que mon silence !

ŒLOHIL

Anciens de Sirtella, soyez nos juges !
Je jure de briser cette lyre, si elle est impuissante.

IZEL

Œlohil voilà l'épreuve de ton génie, de ta magie...
ma prière t'aidera.

GOUDEA

Change en admiration mon dédain !
Mouille d'émotion mes yeux brûlants de colère
Charme-moi ; Œlohil détesté, incante !
(Izel s'agenouille, les vieillards s'alignent au fond, appuyés sur leurs crosses.)

ŒLOHIL

Sainte Kaldée, qui commenças l'histoire,
pays des premiers arts,
patrie du blé et patrie du mystère, Sainte Kaldée !
O calme Euphrate ! O Tigre impétueux,
fleuve des grands roseaux, fleuve des grands rochers
qui fécondez la terre d'Oannès !
O génies tutélaires, assistez votre race !
O calme Euphrate ! O Tigre impétueux.
D'Ereck et d'Our, de Babilou, les fils d'Oannès et d'Ilou
rayonnent sur le monde prêtres, poètes et devins
missionnaires de paix et semeurs de beautés.
Le Nil même a vu la tiare cornue présider son destin.
Tu règnes, ô Kaldée, sur l'âme universelle
par ceux d'Ereck et d'Our, de Babilou, les fils d'Oannès et d'Ilou.
Tu règnes aujourd'hui, tu règneras longtemps.
Mais toujours est un mot qui dépasse ce monde :
seul l'amour le prononce, en son exaltation.
Ce qui naît doit mourir, homme ou cité,
Comment survivras-tu dans tous les siècles !
O Matrie, ô Kaldée, toi qui règnes.
Le papyrus s'efface et la brique se fruste ;
et quel impie voudrait, écrivant le mystère,
et le multipliant, jeter ainsi au hasard des esprits les magiques secrets.
La parole et le chant meurent avec la race et la langue
le papyrus s'efface et la brique se fruste.

Qui gardera ta gloire, ô Matrie, ô Kaldée !
De Babylou détruite, de Sirtella abandonnée, quel sera le vestige ?
Quel témoignage restera de tant d'idées, de tant d'efforts ?
Quand l'écho de nos chants sera éteint,
que les signes de notre écriture
ne signifieront rien aux yeux des nouveaux peuples,
Kaldée, Matrie qui gardera ta gloire ?....
Le monument et la statue, Patesi Goudéa,
survivront, seuls témoins de la sainte Kaldée.
Le nom des Dieux même s'oubliera !
Plus fortes que le temps, victorieuses insignes,
l'avenir vous saluera ; ô vestiges suprêmes
Zigurrat de Babilou, statues de Goudéa !
Gloire à toi Goudéa, homme puissant, qui donnes la durée à ta ville,
vainqueur des siècles, ô sculpteur ;
ton nom sera chanté, par les races lointaines comme le nom d'un Dieu ;
il surgira à l'aube de l'histoire et l'on ne saura plus,
si c'est Samas, Nébo ou toi
le premier des sculpteurs, le premier architecte.
Gloire à toi Goudéa ! gloire à ton art !

IZEL

Gloire à Samas ! Père tu pleures, tu comprends,....
tu permets mon bonheur (prenant Œlohil par la main) viens, cher époux
Père voici ton autre enfant (ils s'agenouillent)

GOUDEA

Les Dieux, pendant que tu chantais
ont remué mon âme : je t'admire, ô poëte.
Selon la parole de l'archimage
te voilà digne d'Izel, digne de Sirtella.
Je te bénis, Œlohil, avec plus de tendresse
que je n'eus de colère, jadis te maudissant ;
et cette fois, les Dieux m'exauceront.
Et toi, digne fille d'Ourka, âme constante
sois heureuse ; mais rappelle souvent à ton époux
que le plus bel amour reste imparfait sans la gloire.
(aux Anciens) Apportez une coupe ; apportez un flambeau.
Qu'Anou, Bel et Nouah bénissent votre vie, enfants,
que Merodack acquiesce à vos desseins.
et que Samas toujours prononce favorable ;

que Sin, l'illuminateur, vous conforte,
qu'Adar vous donne la vie longue et Goula la santé,
que Nebo harmonise vos ames,
qu'enfin tous les grands Dieux, témoins de ma bénédiction,
épandent sur vos jours la paix, comme Samas la clarté et Sin le repos
Esprit de la terre, souviens-t'en ! Esprit du ciel, souviens-t'en !

LES ANCIENS

Esprit du ciel, souviens-t'en ! Esprit de la terre, souviens-t'en !

IZEL

Une étoile a passé, la première aperçue de ce soir !

GOUDEA (donnant le flambeau allumé à Œlohil et la coupe à Izel)

Même si tu inversais ce flambeau,
la flamme monterait vers le ciel ;
que ton âme préfère ainsi l'idéal au plaisir, et toujours pense aux Dieux.
Cette coupe pleine représente, ô Vierge, ton destin passif et doux,
que ta beauté soit l'apaisement de l'homme ton époux.
Œlohil et Izel, chers enfants, soyez unis devant les Dieux.

(Œlohil éteint son flambeau dans la coupe que tient Izel. Goudéa jette les deux objets
derrière lui.)

Vous n'avez plus à garder de contrainte,
les seuls yeux qui vous guettent sont ceux-là (il montre les étoiles).
Soyez heureux, soyez seuls tous deux !

(Exeunt Goudéa et les Anciens.)

SCÉNE IX

ŒLOHIL ET IZEL
PUIS LE CHŒUR DES BERGERS, invisible, il fait nuit.

ŒLOHIL

Un trouble délicieux me surprend....

IZEL

Un charme agit.....

ŒLOHIL

Des sensations nouvelles me pressent de leur émoi subtil.
Etoiles qui passez, en vos trajets de flamme, je ne fais aucun vœu.

IZEL

Zéphyrs, laissez à mes lèvres mon soufle de fleur,
le Bien-Aimé est là.

ŒLOHIL

Etoile si lointaine hier encore, si proche maintenant,
que de tendresse et d'harmonie je sens vibrer en moi,
à cette heure bénie ou tu m'appartiens toute.

LE CHŒUR

Dans le bleu firmament, les étoiles s'éveillent,
Istar paraît ; la sainte nuit descend.

La lune se balance, ronde et blème,
conjurons son humeur fantasque, par des chants.

Les formes disparaissent ; les Dieux et les Déesses
se penchent au balcon du ciel.
Et les étoiles sont leurs yeux qui contemplent nos âmes
pour mieux distribuer le sort bon ou mauvais.

Pour la prospérité des troupeaux et des pâtres,
il faut clamer le nom harmonieux des Sept.
Pour Œlohil, l'enfant poète qui partit, faisons un vœu !
Que Sirtella réentende et sa voix et sa lyre.
Etoiles de ce soir, Etoiles de demain, éclairez son retour
par le puissant nom des Sept !

ŒLOHIL

Cœurs amis, ils se souviennent de moi, dans leur prière.

IZEL

La voilà exaucée : nos destins désormais pactisent avec nos vœux.

ŒLOHIL

Chère étoile, tu me fis vouloir, tu me fis monter
d'un même pas, vers la félicité et la gloire.

IZEL

O mon époux, ta seule image habita
et remplit de douceur ma jeune âme. Tu fus mon premier rêve.

ŒLOHIL

J'accorderai ma lyre sur ton cœur, et je te chanterai, mon Istar.

IZEL

Ne m'appelle que de mon nom, la déesse est jalouse, étant femme,
et moi je suis attentive déjà
à tout péché qui troublerait notre bel avenir.

SCÈNE X

LES MÊMES — GOUDEA (au fond)

Astres du ciel immense et toi grand Septénaire,
réalisez la bénédiction du vieux Goudéa.
Mérodack donne-leur un règne paisible ;
que ta pensée profonde, Adar, les inspire
donne, Samas, la gloire à Œlohil ;
et toi, Nergal ne trouble pas les hymnes du poète qui me succédera.
Sin, mets au cœur d'Izel, ton doux rayon rêveur ;
que ton sourire, Istar, descende sur le premier baiser de ces époux ;
tandis que Nebo le propice, veillera à leur paix.
Étoiles, rayonnez sur cette double étoile du poète et de la vierge unis.
Que leur cœur, comme un lac profond et pur
vous reflète toujours, ô lumières sacrées, regards des Dieux, Étoiles !

IZEL

Oh ! l'indicible bonheur qui nous attend !

ŒLOHIL

Ta présence qui enflamma mon âme, c'est déjà le bonheur !
Le grand mystère de la félicité m'éblouit
aux moindres mouvements de ta tunique et aux nuances de tes yeux.
A Sirtella, je souhaitais la science, je regrettais la nature à Ereck,
maintenant que les heures coulent toutes semblables à ce moment.
Laisse ta main palpiter dans la mienne
laisse ton souffle extasier mon cœur.
J'avais bien dit que le bonheur serait
de te contempler, seule, dans l'oubli de la terre et du ciel.

IZEL

Parleur si doux, ô mon Tammuz, que l'attente fut longue !

(Son de corne au lointain.)

LA VOIX DU CRIEUR

Au nom de Mérodack et d'Ilou, vous tous de Sirtella
soyez demain, à la neuvième heure, au temple des Cinquante.
Notre Patesi Goudéa unit devant les Dieux,
le Mage Œlohil à son aimée fille Izel.
Priez Istar pour leur félicité !

ŒLOHIL

Les échos de la nuit savent notre bonheur,
que mes lèvres apprennent la douceur de tes lèvres.

IZEL

Attends... que fuse une étoile.

'Rideau.)

BEAUVAIS. — IMPRIMERIE PROFESSIONNELLE

LE FILS DES ÉTOILES

PASTORALE KALDÉENNE EN 3 ACTES

A été refusée à la Comédie Française le 3 mars 1892.

« CHER MONSIEUR,

« J'ai lu le *Fils des Étoiles*. C'est un poème dialogué d'une belle langue savante, mais ce n'est pas un drame. Je ne crois pas que, continuant sur ce ton, vous puissiez faire œuvre qui rencontre un théâtre pour être présentée au public. Votre pièce est quelque chose comme de la musique littéraire ; elle ne s'adresse qu'à quelques artistes, et je dirai presque à quelques initiés.

« Vous me demandez mon sentiment très net ; je vous le donne. Vous ajoutez qu'il peut être sévère. Non, il ne l'est pas. On a toujours un faible pour une œuvre d'art.

« Croyez, je vous prie, cher Monsieur, à ma sympathie littéraire, et au plaisir que j'ai à lire vos livres, moi qui ai connu Eliphas Lévi, il y a déjà longtemps.

« Très cordialement à vous.

« JULES CLARETIE.

« 3 mars 1892. »

———

A été également refusé à l'Odéon le 18 mars 1892.

———

A été représenté pour la première fois aux soirées de la Rose✝Croix le 19 mars 1892.

L'Androgyne Œlohil a été créé par. . . . . Mᴵᴵᵉˢ Marcelle JOSSET.
Izel. . . . . Suzane AVRIL.
La Courtisane sacrée . . . . Renée DREYFUS.
L'Archimage d'Ereck . . . . MM. Maurice GERVAL.
Le Patesi Goudéa.. . . . . Reigers.

*A été repris le dimanche et le lundi de Pâques 1893
au théâtre de la Rose✝Croix. Palais du Champ-de-Mars
avec Mᴵᴵᵉ NAU (Œlohil). Mᴵᴵᵉ MELLOT (Izel).*

———

L'ŒUVRE PELADANE

La Décadence Latine (Ethopée) *Dentu.*

I. Le Vice suprême (1884).
II. Curieuse (1885).
III. L'Initiation sentimentale (1886).
IV. A Cœur perdu (1887).
V. Istar (1888).
VI. La Victoire du Mari (1889).

VII. Cœur en peine (1896).
VIII. L'Androgyne (1890).
IX. La Gynandre (1891).
X. Le Panthée (1892).
XI. Typhonia (1893).
XII. Le Dernier Bourbon (1895).

Prochainement

XIII. La Lamentation d'Ilov (1896). | XIV La Vertu suprême (1896).

Amphithéâtre des Sciences Mortes *(Chamuel)*

I. Comment on devient mage (éthique), in-8°, 1891.
II. Comment on devient fée (érotique), in-8°, 1892.
III. Comment on devient ariste (esthétique), 1893.
IV. Le Livre du sceptre (politique) 1894.
V. Comment on devient et on reste catholique (mystique.) (1896).

Théâtre de la Rose † Croix

En beaux volumes petit in-4° à 5 francs.

Babylone, tragédie wagnérienne en 4 actes, conforme à la reprise de l'Ambigu.
La Prométhéide, restitution de la trigolie d'Eschyle, 1895.
Le Prince de Byzance, drame romanesque en 5 actes 1895.

ÉDITION ARISTIQUE A 200 EX.

Le Fils des Étoiles, en 3 actes (librairie de l'art indépendant). 11, Chaussée-d'Antin.

Sémiramis, tragédie en 4 actes.
Le mystère du Graal, en 5 actes.
Orphée, (tragédie).
La Rose † Croix, mystère en 3 actes.

LA QUESTE DU GRAAL

Proses choisies des dix premiers romans avec dix compositions et un portrait de Séon (Ollendorf) 3 fr. 50

L'ART IDÉALISTE & MYSTIQVE

Doctrine de l'ordre de la Rose † Croix (Chamuel)

LE THÉATRE DE WAGNER

Les XI Opéras scène par scène, 1 vol. (Chamuel)

Introduction à l'histoire des peintres de toutes les écoles depuis les origines jusqu'à la Renaissance, avec reproduction de leurs chefs-d'œuvre et pinacographie spéciale, in-4°, format de Charles Blanc : l'*Orcagna* et l'*Angelico*, 5 francs.

Rembrandt, 1881 (épuisé).
Oraison funèbre du docteur Adrien Péladan .... 1 fr. »
Oraison funèbre du chevalier adrien Péladan .... 1 fr. 50
Constitution de l'ordre de la Rose † Croix, du Temple et du Graal. 1 fr. 50
Les XI Chapitres Mystérieux du Sephar Bereschit, version rosicrucienne. Un vol. carré sur papier solaire, Librairie de l'art indépendant. 3 fr. »
La Science, la Religion et la Conscience, réponse a MM. Berthelot, Brunetière, Périer, Poincaré et Brisson, Opuscule, petit in-16 carré (Chamuel).. 1 fr. »

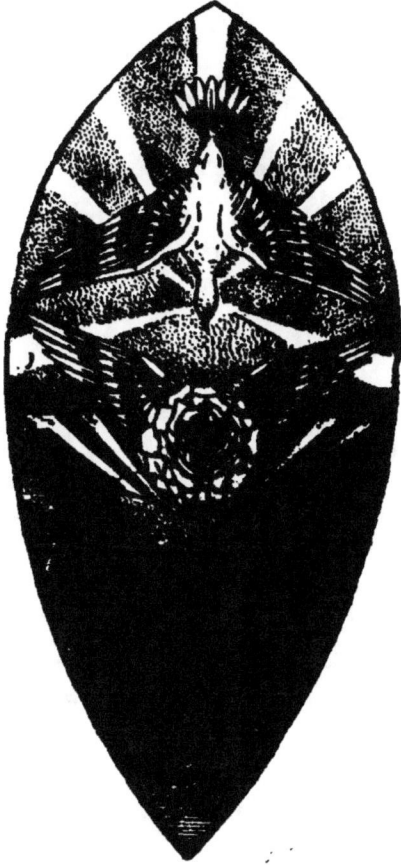

www.ingramcontent.com/pod-product-compliance
Lightning Source LLC
LaVergne TN
LVHW022149080426

835511LV00008B/1348